Texte original : Eduardo Trujillo
Ilustrations : F. Valiente / Equipo Susaeta
© SUSAETA EDICIONES, S. A.
Tous droits réservés
© 2015 **Éditions Piccolia**
5, rue d'Alembert
91240 Saint-Michel-sur-Orge
Dépôt légal : 1er trimestre 2012
Loi n°49-956 du 16 juillet 1949
sur les publications destinées à la jeunesse.
Imprimé en Italie.

QU'EST-CE QU'UN PORT ?

C'est une construction réalisée par l'homme, située dans une zone protégée et tranquille au bord de l'eau. Le port fournit aux bateaux un espace pour pouvoir accéder à la côte. Ainsi, le chargement, le déchargement, l'entreposage des marchandises et le transit des passagers peuvent s'effectuer en toute sécurité.

Vois-tu 9 camions avec une cabine jaune ?

Depuis l'Antiquité, les hommes voyagent sur l'eau pour chercher à manger, communiquer, se déplacer ou faire du commerce. Ils ont utilisé un simple tronc d'arbre creusé ou des bateaux plus sophistiqués.

Cherche dans le port un tronc d'arbre comme celui-ci.

Parmi les bateaux au port se cachent deux embarcations égyptiennes. Les vois-tu ?

Les ports ont été une source de richesse en rendant possible le commerce de produits en provenance de pays lointains et peu accessibles par voie terrestre.
Trouve les 5 remorqueurs sur l'image.

Les ports ont toujours été des lieux stratégiques. C'est pour éviter les risques d'invasion que de nombreux ports ont été fortifiés avec des tours.

Vois-tu le bateau militaire qui a accosté ?

Dock

HOTEL
TERMINAL
COMMERCES
Ferries
Remorqueur

QU'EST-CE QU'UN BATEAU ?

Au fil du temps, l'homme a appris à se déplacer sur l'eau en construisant des bateaux. Les bateaux ont des formes très variées et des matériaux très différents, que ce soit pour le commerce, le transport de passagers ou pour le loisir.

Deux soldats romains sont sur un des bateaux. Les vois-tu ?

Les bateaux sont classés par la **taille** ou par le **moyen de propulsion**. Un petit bateau a une longueur totale maximale de 24 mètres. Un grand bateau a une longueur supérieure à 24 mètres. Pour la propulsion, il en existe trois sortes : la propulsion humaine (à la force des bras avec des rames), la propulsion éolienne (à la force du vent avec des voiles) et la propulsion mécanique (avec la force de moteurs). **Vois-tu les 5 conteneurs qui appartiennent au cirque Circus ?**

Pont

Un bateau peut être construit avec des matériaux très différents (bois, métal, fibre de carbonne...). Grâce à sa **forme ovale et allongée**, un bateau est capable de flotter sur l'eau.
6 animaux se sont échappés sur le cargo. Peux-tu les voir ?

Ancre

Le **poids en métal coule** parce qu'il est plus lourd que l'eau qu'il déplace.

Le **bois flotte** parce qu'il est moins lourd que l'eau qu'il déplace.

Étrave à bulbe ou brise-lames

Malgré sa lourde structure métallique, un **navire flotte** parce qu'il est capable de déplacer dans l'eau une masse supérieure à la sienne.
Vois-tu les 3 conteneurs noirs ?

Un bateau n'a pas de flotteurs parce qu'il est lui-même un énorme flotteur. Un **bateau coule** quand il devient plus lourd que l'eau. Par exemple, quand une brèche s'est ouverte dans la coque et que l'eau rentre dans le bateau. **Trouve 17 canots de sauvetage.**

Cales

Vois-tu les 3 conteneurs roses ?

Il y a 16 membres d'équipage sur le cargo. Les vois-tu ?

Il existe **plusieurs sortes de bateaux** : ceux qui transportent des marchandises en vrac, comme du sable ou des céréales, s'appellent des **vraquiers** ; ceux qui transportent du pétrole sont des **pétroliers** ; ceux qui transportent des passagers sont des **paquebots** ; ceux qui transportent des conteneurs sont des **cargos**.

Plus le chargement d'un navire est spécialisé, plus son apparence est spéciale. Par exemple, les bateaux qui transportent des voitures que l'on appelle des **rouliers**, comme celui ci-dessus !

- Pont de cargaison
- Mâts, antennes, radars et feux de mâts
- Cheminée
- Passerelle
- Château comprenant les cabines, la cuisine, les salles à manger et les toilettes
- Mât de pavillon
- Salle des machines
- Gouvernail et hélices

LES REMORQUEURS

Un remorqueur est une petite embarcation très puissante, utilisée pour aider d'autres bateaux à manœuvrer dans les ports. Le remorqueur peut pousser ou tirer d'autres bateaux afin de les aider à bien se placer. Il est aussi très utile pour remorquer les bateaux qui sont en panne en pleine mer.

Il y a 4 hélicoptères. Les vois-tu ?

Les remorqueurs servent aussi à **transporter de grandes structures**, comme les plates-formes pétrolières sur leur lieu d'extraction.

Lorsqu'un grand bateau entre dans un port par un **canal** ou un **passage étroit**, ce sont les remorqueurs, situés à bâbord (gauche) et à tribord (droite), qui le guident. **Vois-tu les 15 bouées de sauvetage ?**

Pour être stable dans l'eau, les remorqueurs de plate-forme ont des **ballasts**. Ceux-ci sont remplis d'eau quand le bateau n'a pas de charge et sont vidés quand une plate-forme est dessus. Ainsi il garde le même niveau de flottaison (tirant d'eau).

Avant de commencer les manœuvres, le **pilote du remorqueur** monte à bord du bateau qui vient d'arriver. Cette visite est obligatoire car c'est le pilote du remorqueur qui représente l'autorité portuaire. Ensuite, il aide le capitaine du navire à effectuer les manœuvres pour entrer dans le port. **Le pilote a perdu sa casquette. Aide-le à la retrouver.**

10

LES GRUES DU PORT

Les grues sont indispensables dans les ports. Elles sont essentielles au chargement et au déchargement des marchandises. Chaque port est spécialisé dans un type de cargaisons. C'est pour cela qu'il dispose de grues spécifiques.

Cherche 5 conteneurs qui transportent des voitures.

Les **conteneurs** sont le principal système de chargement. Ce sont de grandes caisses métalliques, très résistantes, qui servent à transporter de grandes quantités de marchandises. **Le conteneur d'un camion a été chargé à l'envers. Trouve-le.**

Les **portiques de manutention** roulent sur des rails pour pouvoir sélectionner les conteneurs à ranger. Des camions viendront ensuite les chercher pour les emmener jusqu'à leur destination finale. **5 passagers se sont trompés de quai. Retrouve-les.**

Les conteneurs sont déchargés sur le quai grâce à une grue géante. Une autre **grue avec des roues** les récupère pour les transporter jusqu'au lieu d'entreposage. C'est là qu'un portique de manutention roulant se chargera de les empiler. **Cherche de quelle couleur sont les conteneurs qui portent une inscription à l'envers.**

Les navires qui transportent des **céréales** sont déchargés à l'aide d'une grue munie d'un tuyau qui pénètre dans la cale pour les aspirer. Les camions, placés en dessous de la grue, récupèrent directement la marchandise.
Il y a 2 grues qui ne font pas parties du port. Retrouve-les.

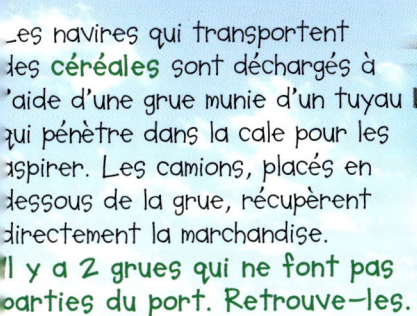

Pour le **charbon**, on utilise une grue spéciale qui possède un grand godet, pour charger et décharger le minerai. Retrouve les 4 camions qui ont un conteneur bleu.

Les **grues portiques** sont des grandes grues roulantes, placées le long du quai, qui déchargent les conteneurs des bateaux directement sur le lieu d'entreposage. 2 perroquets se sont échappés. Les vois-tu ?

LES PAQUEBOTS

Les paquebots sont de très grands bateaux qui transportent beaucoup de passagers. Ils sont utilisés pour faire de longs voyages comme des croisières. Ils ne servent qu'au transport des passagers.

2 animaux interdits sont montés à bord. Les vois-tu ?

Ces bateaux sont très grands afin d'accueillir de nombreux passagers.

Vois-tu la passerelle ?

Il y a une salle internet. Où est-elle ?

Cherche la salle de jeux.

Et le sauna ? Et le théâtre ?

Il y a aussi des toboggans pour les enfants. Sauras-tu les repérer ?

Ces bateaux sont équipés pour assurer le confort des passagers pendant toute leur traversée, mais aussi pour leur faire profiter de nombreuses activités.
Cherche où se trouve l'un des ascenseurs.

Les paquebots sont de plus en plus sophistiqués, grands et sûrs.
Même s'ils ont perdu un peu de leur charme d'antan, ils ont gardé leur apparence luxueuse. Aujourd'hui, le plus luxueux des paquebots est le *Queen Mary 2*.
Trouve le mini-golf.

Observe les différences de taille !

Paquebot   Airbus A380   Autocar   Car   Humain

Les navires traversant l'Atlantique ont toujours fascinés les hommes. De grandes histoires se sont passées pour devenir, au fil du temps, de **véritables légendes**. La plus célèbre d'entre elles est celle du *Titanic*, magnifique paquebot qui coula lors son premier voyage. **Vois-tu la salle d'expositions ?**

SAVAIS-TU QUE...

L'homme a toujours cherché à traverser les fleuves et les mers, que ce soit pour voyager ou pour transporter des marchandises. Pour cela, il inventa des bateaux toujours plus sophistiqués et performants.

Le bateau avance parce que ses **hélices** déplacent l'eau vers l'arrière.

Le bateau tourne lorsqu'on déplace le **gouvernail** d'un côté ou de l'autre à l'aide de la barre. **3 personnes ont un appareil-photos. Cherche-les.**

Un soldat qui n'appartient pas à cette époque s'est glissé dans l'image.

Les **galères romaines** comptaient jusqu'à 170 hommes pour les faire avancer. **Un romain s'est échappé. Sauras-tu le retrouver ?**

On place au fond du bateau, la **cale**, les objets les plus lourds, comme la nourriture et l'eau, pour assurer une plus grande stabilité. **14 personnes portent un chapeau ou une casquette. Trouve-les toutes ?**

Les bateaux sont équipés d'une **ancre** très lourde qui va se poser au fond de la mer pour les immobiliser. **Cherche tous les membres d'équipage sur le bateau.**

Les **bateaux vikings** s'enfonçaient peu dans l'eau, ainsi ils pouvaient débarquer tout près des plages. **2 enfants courent sur le pont. Les vois-tu ?**

Dans certains pays arabes, on utilisait une sorte de **panier avec des rames** tapissé de peaux d'animaux. **Vois-tu les 6 bouées de sauvetage ?**

Le **cuir des animaux gonflé d'air** servait de radeau pour traverser les fleuves. **Un enfant vient d'apercevoir un pirate sur le bateau. Les vois-tu tous les deux ?**

À toi d'expliquer le travail de chaque membre d'équipage présent sur le bateau !

Les hélices d'un bateau peuvent faire jusqu'à trois fois la taille d'un homme.

Les vieux bateaux à vapeur d'Amérique du Nord ont trouvé une seconde vie. Ils ont été transformés en luxueux bateaux de croisière et servent d'attraction touristique sur le Mississipi.

EN ARRIVANT AU PORT

Dès l'instant où un navire s'approche du port jusqu'au moment où il y accoste, un processus très précis se met en place. Il est important d'en connaître toutes les étapes.

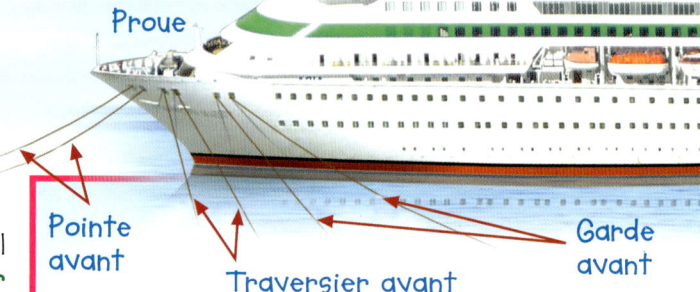

Proue · Pointe avant · Traversier avant · Garde avant

L'un des passagers porte une guitare. Le vois-tu ?

Lorsqu'un bateau arrive au port, il doit **attendre son tour** pour pouvoir accéder à un quai disponible. Dès qu'il entre dans la baie, il jette l'ancre et attend jusqu'à ce que le représentant de l'autorité maritime du port monte à son bord. **Trouve le capitaine du navire.**

Une fois à quai, le bateau est attaché grâce à différents cordages appelés « **amarres** » ou « **aussières** ». Les ouvriers à quai chargés d'amarrer les bateaux s'appellent les lamaneurs. **Observe les amarres qui se trouvent sur le quai.**

Entre le lieu de mouillage du bateau et le quai, plusieurs éléments sont présents pour assurer la sécurité de tous, par exemple les **bouées**, qui indiquent les zones par où le navire doit passer.
Vois-tu les 4 autres bouées ?

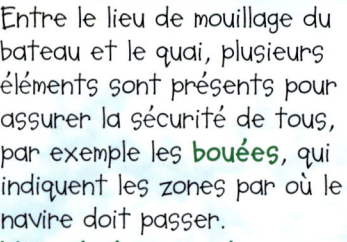

Une fois l'accès autorisé, le bateau lève l'ancre et s'approche du dock, toujours escorté par des remorqueurs. Lorsque le bateau entre dans l'**espace portuaire**, il arrête ses moteurs : ce sont les remorqueurs qui le déplacent pour qu'il se retrouve près du quai.
Un passager a perdu ses 2 valises. Retrouve-les.

Les **cordages** utilisés pour l'amarrage s'attachent d'une manière bien précise. Le but est d'empêcher qu'un bateau puisse s'éloigner du quai afin de ne pas abîmer sa coque. Les nœuds d'amarrage sont très importants. **Trouve 8 points d'amarrage.**

Poupe
Pointe arrière
Traversier arrière
Garde arrière

Connaître la profondeur d'un bateau permet de savoir dans quels ports il peut entrer. Le **tirant d'eau** d'un navire, c'est la distance entre la surface de l'eau et le point le plus bas du bateau. **Observe l'image et trouve les 6 voiliers.**

LES GRANDS NAVIRES

Les plus grands bateaux au monde sont sans aucun doute les superpétroliers et les transatlantiques. Pourtant, il y en a d'autres, très spécialisés, qui sont tout aussi exceptionnels avec leur taille hors norme.

Cherche les 4 hélicoptères.

Le porte-conteneurs *Emma Mærsk* a été construit en 2006. Ce géant des mers est capable d'embarquer jusqu'à 11 000 conteneurs ! Il mesure 397 mètres de long. Sa coque a été peinte avec de la peinture à base de silicone, ce qui permet de diminuer le frottement avec l'eau, et donc d'économiser plus de 1 200 tonnes de carburant par an.

Cherche les 4 dauphins dans la mer !

Le USS Enterprise est un porte-avions de la marine des États-Unis d'Amérique. Long de 342 mètres, il peut accueillir 5 828 membres d'équipage et 90 appareils au total (avions et hélicoptères).

Vois-tu 6 avions qui volent ?

Knock Nevis, le plus grand navire au monde, ne navigue pas. Il est amarré au chantier naval de Dubaï Drydocks où il sert d'entrepôt flottant. Il a été endommagé pendant la guerre entre l'Iran et l'Irak. Avec ses 458 mètres de longueur, il faut une voiture pour se déplacer à l'intérieur ! Observe la scène et trouve les 3 ouvriers qui se déplacent avec un gyropode.

Le **vraquier** *Berge Stahl*, d'une longueur de 343 mètres, a une capacité de charge de 364 767 tonnes. Il est toujours en service. Ses dimensions ne lui permettent d'accoster que dans deux ports dans le monde, au Brésil et aux Pays-Bas. **Vois-tu l'héliport sur le pétrolier ?**

Certains paquebots peuvent accueillir jusqu'à **6 400 passagers**. Cet énorme bateau ressemble à une petite ville flottante où l'on peut faire les courses, manger et s'amuser sans quitter le bateau.
Vois-tu les 6 barils de pétrole ?

TERMINAL DE COMBUSTIBLES

Les navires qui transportent des combustibles comme le pétrole, l'essence ou le gaz, ont un terminal qui leur est exclusivement réservé car ces produits sont très inflammables. C'est aussi pour cela que les terminaux de combustibles se situent en dehors des villes.

Un bateau viking s'est caché dans le port. Le vois-tu ?

Le gaz est transporté sous forme liquide. Il est stocké à bord de navires spécifiques dans de grands réservoirs ronds. Ces navires, appelés **méthaniers**, ne ressemblent à aucun autre. **Un pétrolier s'approche du port. Vois-tu où il se trouve ?**

Le transport du gaz est encadré par des **règles de sécurité** très strictes, car le gaz est un combustible très inflammable qui pourrait provoquer une explosion.

Le personnel doit être équipé de **tenues spéciales** pour éviter tout risque d'étincelles. **Il y a 3 bouteilles de gaz qui ont été perdues. Retrouve-les !**

Des **bateaux anti-incendie** se trouvent toujours à proximité du port. Ils se tiennent prêts à intervenir à tout moment, en cas d'accident. **Une nappe de pétrole s'est formée à la surface de l'eau à cause d'une fuite. La vois-tu ?**

Les **pétroliers** sont les plus grands navires du monde. Pour les décharger, on utilise une installation spéciale pour pomper le pétrole qui sera stocké dans des réservoirs situés sur le port.

Tous ces navires ont un tirant d'eau trop élevé pour pouvoir s'approcher des côtes. **À toi de retrouver les 9 remorqueurs !**

Les méthaniers accostent le long d'un **quai spécial** équipé de tuyaux dans lesquels le gaz est déversé sous forme liquide, jusqu'aux réservoirs situés sur le port. Il faut faire vite avant que la température extérieure ne lui redonne sa forme gazeuse. **Trouve le scooter des mers.**

Souvent, à côté de ces ports on trouve les **installations industrielles** qui traitent ces combustibles. Comme par exemple, des raffineries de pétrole ou des usines thermoélectriques. Elles peuvent utiliser ces combustibles tels quels ou bien les transformer pour produire d'autres types d'énergie.

Un voilier s'est égaré dans le port. Cherche-le.

Bien que ces installations présentent des risques pour la sécurité, elles sont essentielles à l'activité économique d'un pays. Elles lui permettent de disposer de **ressources énergétiques** importantes pour son développement.

LES PHARES

Situés sur la côte et près des voies de navigation, les phares sont des tours munies d'une puissante lumière à leur sommet. Ils servent de repère aux navires, qui savent ainsi que les côtes ne sont pas loin.

Cherche 9 indices qui témoignent qu'un naufrage a eu lieu.

Dans l'Antiquité, on construisait d'énormes tours à l'entrée des ports, comme le **Phare d'Alexandrie**, en Égypte. Un grand feu, alimenté par du bois et de l'huile, illuminait l'accès au port pendant toute la nuit. **Vois-tu le dauphin ?**

Les hommes ont aussi utilisé d'autres monuments comme phare. Le célèbre **Colosse de Rhodes**, par exemple. **Trouve les 3 baleines qui jouent dans les vagues.**

La lumière d'un phare est un projecteur qui émet un **rayon de lumière** à intervalles réguliers, et qui tourne à 360 degrés. Dans l'obscurité, les bateaux repèrent cette lumière qui leur sert de guide. En fonction des couleurs et de la fréquence de la lumière, le capitaine connaît précisément la position de son bateau par rapport aux côtes. **Cherche les 4 animaux de compagnie qui vivent au phare.**

Le phare le plus ancien est toujours en service. Il s'agit de la **Tour d'Hercule**, située à La Corogne, en Galice (Espagne). D'origine romaine et construite à la fin du Ier siècle après J.C., ce phare a été restauré plusieurs fois et il a été inscrit sur la liste du patrimoine mondial de l'UNESCO. **Le gardien du phare a deux scooters des mers. Vois-tu où ils se trouvent ?**

Il n'y a pas si longtemps de cela, un **gardien de phare** habitait sur place et s'occupait de le faire fonctionner. Aujourd'hui, les phares sont automatisés. Ils sont contrôlés à distance et ils ne sont visités par l'homme que pour leur maintenance technique.

Vois-tu 12 goélands ?

Tout au long de l'Histoire, les phares ont été essentiels pour la navigation. Aujourd'hui, ils ont été remplacés par le **GPS** qui, grâce aux satellites, fournit aux bateaux toutes les informations dont ils ont besoin sur leur position par rapport à la côte.

Vois-tu les 5 tonneaux qui ont été perdus par un bateau ?

NAUFRAGES CÉLÈBRES

Dans l'histoire de la navigation, il y a eu de nombreux naufrages, à cause des intempéries, des guerres ou des problèmes techniques. Malheureusement, certains naufrages sont restés dans l'histoire car de nombreux passagers ont péri.

Il y a 17 bouées de sauvetage. Les vois-tu ?

Sur toutes les mers du monde, il y a eu de très nombreux **naufrages dus à différentes causes**, certaines accidentelles, d'autres intentionnelles.

À cause **du mauvais temps**, des milliers de voiliers se sont brisés sur les rochers. **Cherche 2 paniers en osier.**

Il arrive aussi que les bateaux soient tellement **vieux** qu'ils finissent par se briser, provoquant parfois de grandes catastrophes écologiques. **Observe bien la scène et trouve le capitaine du bateau qui coule.**

Un naufrage peut aussi se produire parce qu'un bateau est **trop chargé**. **Cherche 4 bouteilles en verre.**

Le *RMS Lusitania* était un luxueux paquebot transportant des passagers britanniques. Il se rendait en Angleterre depuis New York lorsqu'il fut torpillé par un sous-marin allemand, le faisant couler. Le *RMS Lusitania* transportait 1 959 personnes à son bord. Seulement 716 passagers ont été secourus. **Retrouve les 5 caisses en bois.**

Le *Titanic* a été le plus grand et le plus luxueux paquebot de son époque. Lors de son voyage inaugural, il percuta un iceberg et coula en 2 heures et 40 minutes.

Le naufrage du transatlantique allemand *Wilhelm Gustloff* fut provoqué par un sous-marin soviétique pendant la Seconde Guerre mondiale. À son bord, il y avait plus de 10 000 passagers.

Vois-tu 4 tonneaux ?

LES BATEAUX DE DEMAIN

À quoi ressembleront les bateaux du futur ? Ce qui est sûr, c'est que les nouveaux bateaux seront plus respectueux de l'environnement et qu'ils se déplaceront grâce aux énergies renouvelables.

Certains projets ont pour but de faire fonctionner les cargos avec des **panneaux solaires** qui serviraient en même temps de voile. Vois-tu les 8 dauphins qui sautent ?

ECO-CARGO

Combien de voiles solaires comptes-tu sur toute la page ?

Trouve les 5 conteneurs jaunes.

Le paquebot *Eoseas* est un gigantesque transatlantique écologique. Les jours où le vent souffle sans discontinuer, il utilise ses voiles pour économiser beaucoup d'énergie.

Muni de voiles et fonctionnant à l'énergie solaire, le **Volitan** est un prototype de bateau futuriste. Son apparence rappelle celle des vaisseaux spatiaux. Le modèle expérimental a fourni des résultats encourageants. **Combien d'ailes de propulsion y a-t-il sous l'*Orcelle* ?**

Pour être toujours **plus écologiques**, les bateaux de demain devront aussi utiliser des matériaux qui minimiseront le frottement de leur coque avec l'eau, ce qui permettra d'économiser du combustible et d'accroître leur vitesse de déplacement. **Trouve les 3 voitures qui n'ont qu'une seule couleur. Les vois-tu ?**

Propulsé grâce à l'énergie solaire, le catamaran *Planet Solar* est la plus grande embarcation de sa catégorie jamais construite. Les panneaux solaires qui recouvrent sa surface chargent les batteries qui à leur tour alimentent les moteurs du bateau. La viabilité de cette embarcation moderne a déjà été démontrée lors de la mise en route d'un paquebot autour du monde. **Vois-tu 11 personnes sur le pont de l'*Orcelle* et 7 dans la soute ?**

Selon toi, le *Planet Solar* ressemble à un bateau ou à un vaisseau spatial ?

On ne compte pas que sur l'énergie solaire pour propulser les bateaux de demain. Un projet révolutionnaire prévoit la construction d'un cargo qui pourrait transporter 10 000 voitures en utilisant l'énergie solaire mais aussi l'énergie hydraulique produite par les vagues grâce à des sortes d'ailes placées sous la coque. Le projet a été baptisé *E/S Orcelle*.

Un cargo, pour avancer, peut utiliser la force du vent à l'aide d'un grand **parapente** d'une envergure de 200 mètres ! **Vois-tu les 6 autres parapentes sur l'image ?**

Vue du dessous de l'*E/S Orcelle*. Détail de trois de ses **douze ailes mobiles de propulsion**.